Woo Eun-Sook

시인 우은숙

물무늬를 읽다

우은숙 시집

물무늬를 읽다

시학
Poetics

■ 시인의 말

가장 좋은 말은 묵언인 줄 알면서도
또 한 권의 책을 묶는다

시 형식 안에서의 시간들은
괴로움인 동시에 즐거움이었다

물무늬를 읽듯 시를 읽다가
더러는 체하기도 하였다

늘 목마른 고양이처럼
목을 곧추세웠다

아직도 시 이외의
대체할 이름을 찾지 못해
오늘도 시 바깥을 서성댄다

이천십이년 봄
칠보산 자락에서
우은숙

차 례

■ 시인의 말
■ 시집해설 | 유성호

제1부 낙타가 산다

좋은 예감　15
따뜻한 하루　16
시　17
카르페 디엠carpe diem　18
낙타가 산다　20
슬그머니　21
물무늬를 읽다　22
바람의 행보　23
그녀는 갯벌　24
안개 그리고 길　25
변산반도　26
뜬돌에게 묻다　27
곁눈질　28
말의 그물　30
저녁 해　31
구겨진 종이컵　32
저녁을 메운 사람들　33
배롱나무의 간지럼　34

제2부 가난한 축제

물렁한 힘　37
가난한 축제　38
붉은 고요　40
영화 멀미　42
쑥　44
더 이상 참을 수 없는　45
달콤한 착지　46
땅　47
난향　48
육자배기 동백꽃　50
인디언 춤　51
그 섬의 이팝나무　52
경포대에서　54
어떤 배경　56
과녁　57
거울　58
빈손의 시간　59
술잔에 불을 채워　60

제3부 사랑은 그래서 아프다

동행	63
바다 파는 아낙	64
무릎 속 찬 별	65
멍	66
꽃은 길을 품는다	67
소금인형	68
실족失足	70
못 이기는 인정	71
어머니의 화분	72
오, 이런	74
빈 우물	75
하늘 잠깐, 흔들렸다	76
왕소금	77
종이 고양이	78
떡갈나무 숲	79
사랑은 그래서 아프다	80

제4부 시간의 설거지

7번국도 85
시간을 설거지하다 86
빈집 87
시월의 강 88
하루 89
저녁의 질문 90
1분 전 81
금요일 92
뚜렷한 자리 94
시간의 눈금 95
흔적 96
자모字母 97
흐름의 시학 98
빛바랜 사진 100
세심洗心 101
사북 기억 102
13월의 수첩 104
모퉁이 106

제1부
낙타가 산다

좋은 예감

물달개비
피는 동안
숨죽이는
새벽길

고요 밟는
어린 노을
바람마저
멈춰 서자

씨방에
가득 담긴 안부
터질 듯한
이 아침

따뜻한 하루

온종일 달을 키웠다
시린 손을 말리면서

눈물을 매단 새는
좌표를 향해 날고

벌판을 걸어온 창문
꾸역꾸역 뒤따른다

지친 발에 걸린 눈썹
낮은 길로 돌아들자

내 몸을 감싸던 벽
푸른 잎 여리게 돋고

허기진 저녁의 숲엔
따스해지는 발자국들

시

사람 속을
훑고 가는
희뿌연
바람
소리

벌레들이
계절의
달력을
넘기는
소리

그 소리,
화르르 지피고
달아나는
점령군

카르페 디엠carpe diem*

오늘로 돌아났던
어제는
금방 시들고
덜 익은 감처럼
떫디떫은
오늘도
얄팍한
내일의 걱정에
갇혀 버린
새 될까 봐

현재형 문장만이
숨을 쉬는
이 순간
오늘의 손목을
힘껏 당겨
외친다

카르페,

카르페 디엠!!

중요한 건

지금이야

---

* "현재 이 순간에 충실하라"는 뜻의 라틴어.

낙타가 산다

메마른 도시 한낮

가면을 쓴 사람들

정답 없는 길목 앞에

흔들리는 오후지만

그 속엔

낙타가 산다

통증을 견디는,

슬그머니

이런 게 보통 사람 사는 모습 아닐까

지하철에 희고 부신 아가씨의 다리를
중년의 신사가 슬쩍, 안 본 듯 쳐다보는

언뜻언뜻 보이는 목련 송이 같은 가슴
한 손에 고리 잡고 한 손에 신문 쥔 남자
여자의 가슴팍을 살짝, 넘겨다보고 마는

그러다 지하에서 지상으로 확! 하고
뻥튀기하듯이 튕겨 나오면

눈동자 다들 슬그머니 제자리로 옮기는

물무늬를 읽다

다 젖은
알몸으로 선
보문사 밑 옹기들

하늘 끝 빗줄기 물고 새 한 마리 높이 날자

누낭淚囊의
이력 풀어낸

돋을무늬
섬
하나

바람의 행보

도대체 무엇이었을까
온몸의 광기는
모든 것 흔들어야
직성 풀리는 그것은
성급히
상처 감추듯
순식간에 휘도는

갈대들 사이사이
가쁜 숨 몰아쉬며
비명까지 끌어들여
뒤엉킨 눈동자들
부푼 몸
살갗 뚫고 와
미열 울린
그것은

그녀는 갯벌

느릅나무 껍질처럼 거친 몸 눕힌 섬
바람이 주름졌다 펴지며 일어서는 곳
아이들 우르르 몰려와 갯벌로 내달린다

물컹한 홍시 같은 그녀의 몸 위에
작은 게들 갑자기 갈 길이 바빠졌다
물때가 되었나 보다 그녀 숨도 가쁘다

어떤 이는 일찍 오고
어떤 이는 늦게 와
발자국을 내던 곳
별처럼 꿈 심던 곳
만해의 나룻배 같은
기다림의 옷 입는 곳

잘 부푼 흙만큼 그녀 생도 깊어진다
음각과 양각으로 쓴 수많은 이야기
가슴에 죄다 새기며 새 길로 들어선다

안개 그리고 길

지워진 길 위에 길 하나를 만들고,

또 하나의 길 지우는 그 길 위에 내가 있다

앞으로 얼마나 많은 길을 또 지워야 하리

철없던 외침을 날개에 새겨 넣고

하늘을 건너는 은빛 나비 한 마리

빈 배는 나침판 없는 더듬이를 쏟아 낸다

길 위에서 길을 잃어 혼자가 된 내 앞에

수척한 뒤춤 열고 줄을 서는 기운 상처

그 상처 안개에 걸린다, 이슬에 걸린다

변산반도

하늘 닦던
햇살이
수평선을
훑아주고
자막처럼
달려와
하얗게
들뜬 속살로
내 안을
확, 펼쳤다가
이내 접는
변산
반도.

뜬돌에게 묻다

그 어떤 물음도 마련하지 못했습니다
누워 흐르는 돌 앞에 허방 디딘 막막함이
빈혈의 꼬리를 잘라 감춰 둔 까닭이지요

공중에 매단 꿈이 한사코 발버둥치는
부석사에 노을 지면 풀벌레 가득 모여
끝끝내 해답 없는 물음 하나씩 꺼냅니다

갈급한 허기 담긴 실타래를 풀고 나니
가슴 획, 치고 가는 잊었던 원시의 꿈
싱싱한 자유를 쫓는 화살이 됩니다

곁눈질

미치겠다 미치겠다
곁눈질로 보는 세상
가자미 한 마리
지상의 길 찾으니
어쩌나!
세상은 온통
길 없는 길
뿐이네

아픈 발로 춤추던
길가의 찔레꽃도
하르르하르르
애써 웃던 조팝꽃도
하얗게 들뜬 속내로
세상을 살피는데,

힐끔거린 시간들은
꽃 넘고 나를 넘어

오후의 낮달 속에

분분紛紛하게 헤엄치다

결국은 길과 길 사이

납작하게 눕는다

말의 그물

오늘 내가 뱉은 못질
얼기설기 그물 짜고
강물은 낡은 수첩에
꼼꼼하게 적는다

온종일
바람 속에 박힌
자모字母들의 현기증

하늘 길과 사람의 길
그 탱탱한 빗장 열고
일직선으로 날아가
익명의 징을 친다

명치 끝
투망에 걸려
삭지 않는 내 체기

저녁 해

찬란한 치마폭은 유혹을 위한 마술

눈도 입도 다 가리고 맥박만을 남겨 논 채

숨어서

또 다른 해를 뜨겁게 익힌다

구겨진 종이컵

의도적인 변명 따윈 만들지 말아야 했다

동백의 붉은 졸음 그 위로 떨어지기 전

아직도 뜨거운 생이 저리 밝게 남았는데

예고 없이 다가온 구겨진 오늘 메고

둥근 몸 돌돌 말아 입술을 깨물 때도

꼿꼿한 자존심만큼은 버리지 말아야 했다

저녁을 메운 사람들

저녁은 생각보다 너무 빨리 당도했다 도착하는 것만이 최선의 길인 양 보랏빛 등꽃까지도 서둘러 지고 있다

바싹 마른 초저녁별이 마을에 도착하자 속 깊은 잔을 들고 저녁을 메운 사람들 생애의 한순간 위해 붉은 잔을 치켜든다

배롱나무의 간지럼

너를 살살 건드려
세상 얘기 듣고 싶다
그리움이 목을 졸라
숨을 쉴 수 없다는데

이제
막
사랑을 시작한
녹색의 사람들이라니

깔깔대며 오는 손짓
종소리로 끌어안고
욕심껏 사치 부린
마음속 긴 여유

<u>ㅎㅎㅎ</u>
이 간지러움
세상 속에 스며드나니

제2부

가난한 축제

물렁한 힘

마른 바람 흔들리는 저물녘 강변에
제비꽃 몇 송이
여린 몸이 휘청한다

흐름의
습관을 잠시
거꾸로 접는 물결

순하게 몸 낮춘다 저음의 악기 되어
저녁 별이 눈 뜨기 전
재빨리 뿌리에 닿아

땅을
꽉
움켜잡게 하는
물렁하고 둥근 힘!

가난한 축제

우리 동네 과수원에 봄마다 피는 배꽃
올해도 어김없이 허리 휠 듯 피었는데
고딕체
영농금지가
개발구역 통보한다

숨 막히게 피워 낸 눈부신 절정의 행렬
시리도록 폭죽 터진 저 축제 언제 끝날지
아찔한
고요의 시간
화두처럼 번져 갈 즈음

난 재빨리 몸 안으로 배나무를 가지고 와
거친 내 몸 구석에 정성 다해 심는다
입 안은
금방 배꽃으로
가득 찬 수레다

그때, 과수원 앞 좁은 길 사이로

천천히 자전거를 밟고 오는 사내아이

스르륵

흰 꽃잎 열고

배꽃으로 들어온다

붉은 고요

숨죽인
고요가
고요를 부른다

해도
남아 있는
작은 빛 불러 모아

가시연
노랑어리연 위에
살며시 얹는다

따스한
불씨 지핀
허공의 환한 거울

처음이며
마지막 같은

너의 숨결 덮고

우포는
생명을 익힌다
저 붉은 고요로

영화 멀미

어둠 속 스크린은 네모난 달이다
콜라와 팝콘 소리 둥둥 떠다닐 즈음
음악의
느린 움직임은
시간 속을 흐르고

가시 같은 음표와 흔들리는 기타 음
풀벌레 울음처럼 좌석 밑을 파고든다
현기증,
이때 내 멀미는
오래된 천식 같은 것

지상의 소음 피해 지하의 소음으로
도망쳐 온 그림자는 가슴 한쪽 움푹 삭아
벌겋게
소용돌이친다
곱씹은 상처처럼

영화가 끝나고 둥글게 말았던
온몸이 서서히 펴지는 그 사이
등 뒤로
몰락하던 달이
가슴 슬몃 덮어 준다

쑥

거칠게
발을 뻗어
무성한
허명 덮고

가쁜 숨
몰아쉬는
야성의
초록 몸살

밟아도
다시 일어나
불덩이로
솟는
꿈

더 이상 참을 수 없는

우리 집 창고엔 어둠을 덮고 누운
자잘한 것들이 살 부비며 살고 있다
모종삽, 낡은 소쿠리, 녹슨 호미, 괭이까지

그뿐인가 봉숭아, 맨드라미, 국화꽃
무, 배추, 오이, 호박, 붉은 홍화 씨앗까지
모두 다 어둠으로만 제 몸을 감싸고 있다

천지간 잔멀미로 울렁이는 전갈 받았나
서로의 몸 흔들며 하나둘 깨어난다
작은 발 꼼지락거리며 수런대는 저 생명들

기억보다 몸이 먼저 알아낸 **빠른 감각**
겨우내 끌고 온 침묵의 흙 앞에서

더 이상 참을 수 없는
봄,
봄인 것이다

달콤한 착지

완벽한 유인을 꿈꾸고 있다 땅은
나무들이 축제에 들어간 그 시간
조금씩
음표를 내려
서곡을 준비한다

햇빛과 공기와 시간들이 짜 놓은
거부할 수 없는 풍경들, 눈시울들
나선형
붉은 그림자로
야윈 몸을 날린다

제 몸을 점층법으로 떨구는 말간 단풍
아득한 꿈 하나 하늘 위로 던지며
휘이익
마른 등 보인다
달콤하게 안긴다

땅

낮달을 등에 업고 발목엔 그림자 묶어
생生 쪽으로 타박타박 온종일 걸어갔지
절박한 울음소리 밀며
목마른 쪽으로

나직한 벌레들의 울음소리 베어 물고
단단한 씨앗을 터뜨려 싹 틔웠지
어느새 내재율이 된
황톳빛 걸음걸이

햇빛은 여기저기 그 빛을 끌어당겨
푸석한 구들장을 비옥하게 닦아 내
생명을 꿈꾸었을 테지
온기의 저 땅은,

난향

돌껏잠
덜 깬 몸에
살며시
흘러든다
긴 궤적
그리며
깊은 품에
들어와
푸른빛
잠을 깨우는
성성하고
풋풋한 숨

젖은 음악
틀어 놓고
고요 속을
흐르던 너
밑줄 치는

습관처럼

총총한

별 만들어

엉켜진

내 생각들을

환하게

빗겨 주는구나

육자배기 동백꽃

몸 휘청, 흔들린다
가락 맞춘 눈길 따라
난 한 잔 복분자에
미당은 육자배기에
선운사 지장보살도
흥얼흥얼 얼쑤얼쑤

흔들림이 이 뿐이랴
선운사도 취해 흔들고
미처 못 핀 동백도
제 몸을 흔드는데
동백꽃
그보다 붉은 세상
봄이 먼저 춤춘다

인디언 춤

아주 잠깐 거울 속을 걸어가는 꿈을 꾸었다

인디언 마을이 숭어처럼 튀어 올랐다
바람이 휙, 지나가자 한 사내가 춤을 춘다

검다가 붉었다가 또다시 흰빛의 춤
포개진 눈물 펴며 서럽게 추는 춤
허공에 뻗친 손끝에 빈손만 거두는 춤

실업의 울음 삼킨 사내의 등을 타고
빚 독촉 은행의 귀 찢는 전화벨 소리

화들짝 잠 깨고 난 뒤 얼어붙은 잔상, 잔음

그 섬의 이팝나무

조금만 기다리세요
서둘지 마세요
섬 한복판 거대한 가마솥 걸었거든요
아궁인 땅속에 있어요
불길이 너무 세요

햇빛과 바람이 고슬고슬 밥을 지어
거대한 밥 한 그릇 고봉으로 차렸어요
가난을 먹고 살았다고요
이젠 이리 오세요

견고한 땅의 입김 담겨진 마음 한술
무욕의 공동체로 모여 핀 그리움입니다
생명의 빛이 들지요
따뜻한 손길입니다

대낮이면 투명하게 흰 그늘 드리우고
밤이면 꽃등으로 불 밝힌 작은 밥알들

눈부신 한 그릇의 공양
하늘 아래 놓였어요

경포대에서

바다에 몸 기대고
붕어빵 파는 최씨

휘리릭,
휘리릭!
가혹한 단속에

낮달의 여린 햇살을
끌어내려 덮는 오후

허기진 빈 나무의
등짝 같은 길을 지나

한숨을
끌고 가는
최씨의 리어카 뒤로

경포대 바닷물이 온통
충혈된 눈빛이다

어떤 배경

음악처럼
눈물 누른
초저녁
물미해안

항구의
갈피갈피
어린 새
날아와

빈 하늘
무대를
꽉 채운
따뜻한
저 배경

과녁

몸속에 잘 다듬은
화살이 들어 있다
중심을 향해서
바깥을 향해서
목표물 정하고 보면
과녁은 항상 멀다

불끈 쥔 생각이
내 안의 활을 낭겨
포개진 꿈 더욱더
뜨겁게 달구지만
과녁은 점점 멀어진다
좁힐 수 없는 간극

거울

화장을 하다 말고 얼굴을 갖다 댄다
직립으로 나를 힘껏 껴안는 투명한 품
차갑고
딱딱한 눈빛
한곳으로 몰린다

꿈처럼 거울 속으로 걸어 들어간다
은폐된 내 뒷모습은 어디에도 없었다
까아만
산초열매 같은
슬픈 눈만 보인다

거울이 나를 본다 찬찬히 훑어본다
직유의 발자국을 중심부터 물들이며
겹쳐진
데칼코마니
너면서도 나인 너

빈손의 시간

강원도 고성군 가진항 한 모퉁이
욕심 없는 얼굴로 바람벽에 기대앉아
성글게 그물코 깁는 늙은 어부 등을 보며

쇳소리만 가득한 손 한없이 부끄러워
남몰래 눈물짓다 들켜 버린 어머니처럼
황급히 안부 묻는 척 너스레를 떨어본다

허둥대는 나를 밀고 갯머위가 달려와
해쑥으로 빚어진 지등紙燈에 불을 걸 스음
목이 쉰 저문 바다는 야윈 몸을 눕힌다

오늘도 헛우물 길어 올린 빈손의 시간
속 깊은 울음으로 팔을 젓던 저녁 해는
어부의 등을 헹군다, 나도 맑게 헹궈 준다

술잔에 불을 채워

키 작은 게르* 주인 잔에다 불 따른다
태양과 가슴과 붉은 불꽃 하나라며

사람들, 마음을 연다, 햇살을 받는다

지평선을 달려온 청록색 호각 소리
주름진 습곡 건너 정오에 당도하자

보드카 높이 든 손엔 함성이 솟는다

술잔에 넘치는 불 소통의 꽃이다
허공에 걸린 시간 땅으로 내리기 전

불꽃은 초원을 달려 내 심장에 닿는다

---

* 게르Ger : 몽골인들의 이동식 천막집.

제3부
사랑은 그래서 아프다

동행

강물 위를 달리는
춘천행 2시 기차

기다림의 휘장 두른
땀내 절은 긴 의자에

어머니
눈물 같은 강
출렁출렁 올라탑니다

한때는 강이었고
한때는 기차였던

어머니 젖은 숨에
포개진 내 그림자

한순간
동행이 됩니다
터널 속이 환합니다

바다 파는 아낙

보길도 예송리에 미역 파는 아낙 있다
오―메 후딱 사소, 좋은 미역 있어라
젖은 꽃 가득 핀 얼굴에 바다가 내비친다

예순 생의 고리들을 우려낸 짠 미역은
질긴 햇살 닻을 올려 바람처럼 휘돌고
섬보다 깊어진 주름 이마 위에 내리다

차르르 차르르 음표 없는 집을 짓는
예송리 바닷가의 흑자갈 소리 소리들
아낙의 눈시울만큼 붉은 동백꽃을 부르고,

어느새 미역은 눈물이 되었다가
엽서가 되었다가 하늘이 되었다가
내가 든 봉지 안에서 바다 되어 출렁인다

무릎 속 찬 별

 어머닌 늘 어둠을 솎아 낸 별 쪽으로 발 딛으려 애썼지만 옹이 박힌 생인발은 뜨락에 하현달 같은 가로등도 켤 수 없었다

 물기 없어 말라 버린 상사화 꽃대처럼 마른 날만 반복되는 헛헛한 치마폭엔 얇아져 가랑대던 몸 짙은 그늘 서걱대고

 빈 벽에 걸린 달력 눈물 빛 매듭들은 시간의 더께로 관절염만 키워 내 어머니 무릎 세상엔 찬 별들만 가득하다

멍

해죽해죽 해찰하며
강물을 따라가는

구름의 허벅지에
진회색 멍이 든 건

눈물이
새벽 강가에
젖은 꿈을 털었기 때문

비 그친 뒤 파지처럼
무거운 내 어깨에도

그믐보다 더 깊은
붉은 멍이 들게 된 건

꿈 밖의
또 다른 꿈을
밤새도록 키웠기 때문

꽃은 길을 품는다

수많은 발자국이 길이 된 국도변

서둘러 피어난 어리고 연한 애기똥풀

거리 쪽 창문 열어 놓고 꽃잎 편지 읽던 날

작은 어깨 펼치며 한 점 빛 다습게 모아

무시로 떨어진 야윈 사연 덮기 위해

흰 뼈가 드러난 길 위로 조금씩 팔 뻗는다

소금인형

바다에 다다른 소금인형의 호기심
바다를 알기 위해 바다에 몸 담갔지

없어진
발목 흉터엔
젖은 사랑 친친 감고

물그늘 가득하던 하루가 지나가면
나의 하루도 흔적 없이 녹아 버려

하얗게
소멸의 꽃 핀다
먹먹하고 아린 꽃

바다에 온몸이 형체 없이 녹고 나서
자신이 바다였음을 알게 된 너처럼

알았다

내가 오늘이고
오늘이 나인 것을

실족失足

채 눈도 뜨지 못한 성급한 어린 까치, 햇빛 쫓아 나오다

어, 어, 어,

기우뚱,

탁
!

찰나에

금이 간 지구

사랑니가 시리다

못 이기는 인정

비 오는 날 앞집 여자 감자전 해 놨다고
어색한 손길로 내 발을 끌어당긴다
적당히
못 이기는 척,
벌써 그 집 현관이다

대나무 무늬가 그려진 큰 접시에
따뜻한 속을 열고 쫄깃쫄깃 아린 맛
땅속에
불 밝힌 이유
여기에 있었구나

고랭지 흙 뚫고 하얗게 핀 감자꽃
꽃향기 여기까지 너울너울 건너와
여자와
나의 마음을
이어 주고 있구나

어머니의 화분

선인장 손질로 하루를 여는 어머니
화분을 햇빛에 놓으시며 하는 말
시간을 말리는 거야
이게 다 준비하는 거지

이 선인장 가져갈래?
이래 봬도 잘 자란단다
플라스틱 화분을 나에게 건네신다
얘, 이젠
모든 게 성가셔
굽은 등이 말한다

내 품에 안겨 온 게발선인장 화분
이젠 우리 집에도 어머니가 사신다
어머니 말 건네신다
걸어오기도 하신다

파르르 떨던 가시 귀 쫑긋 세운다

지나온 시간들을 봄볕에 꺼내 놓고

말리신 어머니 시간

나에게 젖어 든다

오, 이런

다급하게 걷다 보니 눈이 멀었네
떠도는 헛것들의 서글픈 사랑
오, 이런
이 세상 한 모퉁이
구멍 뚫린 일로 가득 찼으니

세상이 만만치 않은 건 알았지만
숨을 구멍조차 없는 우리들의 그림자
오, 이런
어쩌란 말이야
햇빛마저 서늘해졌으니

빈 우물

어머니는 굴을 파고 그 속에 사신다

우물이었던 몸에서 세월을 다 토해 내고

오늘 또, 몸속 깊숙이 두레박을 내린다

퍼내도 다시 고였던 화수분의 어머니

천천히 한 움큼씩 화농의 시간 덜어

천수경 독경 소리를 빈 우물에 새긴다

하늘 잠깐, 흔들렸다

이제 막
걸음걸이 시작한 아기가
유채꽃 사이로
아장아장 걸어온다

한순간
어쩌지 못해
머리 콩! 박는다

노란 꽃무더기 흔들, 그곳에 엎어진다
재빨리 팔을 뻗어 아기를 받쳐 주는

꽃잎들 잽싼 몸짓에
하늘 잠깐,
흔들렸다

왕소금

보이는 물체가 전부일 수 없음은

물속에서 녹고 있는 몸짓으로 느낀다

그대와 헤어진 등 뒤로 반짝이는 왕소금

공기 중에 찾음이 물속에서 잃음이 되는

찬란한 이중성에 고개를 끄덕이며

제각각 길을 떠난다

마른 발자국 꾹꾹 찍으며

종이 고양이

싸늘한 아스팔트에
다 죽지 못한 고양이가
사지를 꿈틀거린다
펄럭펄럭 종이처럼

진종일
오한이 났다
가슴에서 몸에서

며칠 후 스친 그곳
마분지로 엎드려
길과 하나가 되어 버린
고양이, 그 고양이

아, 춥다
식은 꿈처럼
사슬 풀지 못한다

떡갈나무 숲

계절이 익는 그곳 켜켜이 고요하다

내 눈이 나무의 말간 미소와 마주치자
눈썹에 숨겨 둔 죄들 술술 풀려 나오고,

잘 익은 도토리 한 알 내 심장의 길목에서
반쯤 굳은 얼룩 위에 자술서를 쓰게 한다

한 자씩, 한 자씩 쓴다. 핏물 번져 단풍들듯

사랑은 그래서 아프다

꽝꽝 언 왕송저수지에 얼음썰매 타면서
호기심에 건넌다
무언가 툭! 발에 차인다

얼음 틈,
보시의 배를 내민
물고기 한 마리

여몄던 단추 풀고 겨울 철새 허기 위해
풍장으로 누워 있는 물고기의 허연 살점

총 · 총 · 총
새들의 발자국
빙판 위에 바쁘다

숨 가쁘게 살아왔을 물고기 한 생이
물감처럼 번져 와 하늘 한번 쳐다보니

그 속에
낯익은 미소로
웃고 있는 내 어머니

새 먹이 된 물고기처럼 몸을 비운 내 어머니
그 살점 뜯어 먹기 위해 안간힘을 쓴 나에게

이제는
탄력도 없는 가슴
오늘도 저리 내민다

제4부
시간의 설거지

7번 국도

뭉개지고 나서야
비로소 길이 된다
낮게 낮게 겹쳐져
절룩이며 이은 길
바람의
느낌표 밟은
경북 영덕 그 어디쯤

언뜻언뜻 내비치는
바나를 만시나가
스스로 어둠 택해
작은 빛이 되는 길
덧칠한
묵은 상처도
길 위에서 길이 된다

시간을 설거지하다

달그락 눈물샘에서 소리가 난다
날이 선 신경들이 떠오를 때마다
회색의 깊은 얼룩들 점점이 깨어난다

무시로 떨어지는 무채색의 시간들
내 몸에 흐르는 물소리 끌어당겨
설거지, 설거지를 한다 속울음에 닿도록

어둠도 꽃이 된다 빛이 되는 순간에는
맑게 씻긴 시간들이 싱크대에 포개질 때
화르르 거품 사이로 물방울 꽃이 핀다

빈집
― 이중섭의 옛집

탈색된 기억이 습관처럼 누워 있다

먼지만 숨 쉬는 곳

그 속에도 생명은 있어

바람이 거미줄 당겨 소 한 마리 끌고 간다

시월의 강

1.
내 안의 딱딱한 물체들이 부드러워진다
막배를 놓쳐도 발 구르지 않는다
물살이
점점 푸르게 에둘러 흘러간다

2.
흐름의 물결 위에 쓰린 마음 널다가
두 눈 가득 고이는 음각된 눈물꽃
내 마음
푸른 악기로 부풀어 오른다

3.
거꾸로 북받치던 아픔의 불 삭이고
어둡게 뛰는 피 말갛게 걸러 내는
가앙, 강
입 안에 가득 핀 너의 이름 부른다

하루

1.
산꿩의 붉은 눈이 능가산을 적시고
흔들리는 마흔이 목울대를 치올라
켜켜이 잔등을 넘는 들숨과 날숨의 밤

쏴악쏴악 불어오는 내소사 대숲 소리
서늘한 향기 품고 화살처럼 달려와
제 몸을 더욱 거칠게 빈 하늘에 꽂는다

2.
무명으로 온 새벽은 투명의 가슴 열어
나의 긴 발자국을 판각으로 새겨 넣고
또 다른 하루를 향해 마른 목을 축이는데

그 무엇으로 음각의 시간을 견딜 것인가
빈 들판에 돋을새김의 팔을 뻗는 그날 위해
아직도 잠 못 드는 바람만 서성이고 있는데

저녁의 질문

다 늦은 저녁 물고 새 한 마리 날아가자
골목마다 헤싱헤싱 외등에 불 켜지고
사람들 하루를 접어 달력 속에 꽂는다

소박한 저녁이 준비된 작은 식탁
창문에 떨어지는 어둠 소리 리듬 삼아
식구들 하루치 이야기, 별들 틈에 반짝인다

빛을 위해 마련한 어둠의 접시처럼
아침을 위하여 준비한 무명의 저녁
은닉된 질문을 물고 새 한 마리 다시 난다

1분 전

수없는 싸락눈이 빛으로 달려들어
아차, 하는 순간 지나친 인터체인지
출구는 점점 멀어지고 눈은 자꾸 뒤에 걸린다

바람만 되씹는 속절없는 길 위에
검푸른 어둠은 겹주름으로 깔리고
갑자기 분간할 수 없는 한 치 앞의 낯선 행렬

뭉툭 잘린 동백의 낙화 같은 간극인가
1분 전의 기대는 1분 후의 흉터 되네
아직도 가로등 불빛 빨아 뿌리는 저 눈들

금요일

해당화가 내 허리를 꾹 찌르는 것이었다
금요일이었다
나는 말하지 않았다

숨겨 둔 물음표 꺼내
낚싯대에 거는 아침

내 낡은 물음표는 파도에 밀려갔다
정동진이었다
파도도 대답하지 않았다

소금기 켜켜이 배도록
꿈마저 감춘 오후

두레박으로 퍼 올린 가슴속 퍼즐 조각
더 이상
바람에서도 소리가 안 났다

온종일 햇살 키운 바다만
해답 건져 올린 날!

뚜렷한 자리

소나기 막 지나간 비포장 주차장
주르륵 빗물 떨구며 차 한 대 빠져나가자
선명한
흰 그림자로
땅에 걸리는 액자 하나

마른땅에서 훅 끼치는 흙냄새 살냄새
자동차가 남기고 간 푸른 소리까지
네모난
경계를 지켜
반듯하게 담는다

시간의 문 건너온 내 그림자 어디쯤에
그 흔적 고스란히 문신으로 남았겠지

또 한 대
머물던 차가
시동을 바삐 건다

시간의 눈금

절반쯤 걸어왔을 굳은살의 꽃밭에서

수많은 마침표를 꽃잎처럼 등에 달고

맨발로 눈금을 새긴다. 또 한 줄이 보태진다

한 금 한 금 짚어 가며 읽어 보는 갈피마다

아쉬움의 덧칠 흔적 숨이 헉헉 막히지만

백비白碑의 내일이 있다. 짜릿하게 꽃물 드는

혼적

채, 굳지 않은 콘크리트에 박혀
눈동자만 굴리는 발자국 무늬 하나

마모된
회색 얼굴은
시간을 먹는다

한때는 가슴으로
한때는 눈물로
뭇사람의 발자국을
입 안에 새겨 넣고

사랑의
흔적만큼 질긴
세월을 먹는다

자모字母

은빛 같은 볕 아래 뿌려지는 홑잎들
하나하나 말갛게 헹궈지지 않은 슬픔

가을날 첫줄에 쓴다
서늘한 그리움이라고

내게로 와 이카로스의 날개가 되어 버린
후조候鳥의 찢긴 날개, 비상할 수 없는 음성

켜켜이 접었던 아침
부화가 시작된다

흐름의 시학

꽃잎이 이리저리 흩어진 소양강에

그 꽃잎 다칠까 봐 물길이 주춤주춤

급류에 걸린 돌부리 등에 업고 에돈다

바람도 길을 바꾸어 꽃잎 따라 흐르고

발그레한 하늘 길도 흐름 쫓는 강가에

저 혼자 흔들며 몸을 푼, 꽃잎 떨군 빈 가지

강물은 밤새도록 내 몸속을 흐르는데

난 거부의 몸짓으로 엽서를 썼구나

아, 오랜

시간 후에야

깨닫는 가을 일기

빛바랜 사진

내소사의 색 바랜 꽃 문살을 보았나
촉수 낮은 눈길을 가슴에 끌어안고
시간의 먼 가슴을 여는 무채색의 숨소리

자글자글 재잘재잘 자분대는 소리들
그 꽃들의 함성이 풍경으로 달려가
저 멀리 마른 바다의 발자국을 불러온다

황급한 발자국 새벽 밟고 달려와
내게 내민 빛바랜 문살 같은 사진 한 장
그 속에 나보다도 더 젊은 아버지가 서 있다

햇빛의 이마 짚은 내소사 꽃 문살에
설핏 번진 앙상한 추억들의 기립 자세
아버진 내 유년 속에서만 동백꽃을 피운다

세심 洗心

마음을 씻는다기에 손이 먼저 성급하여
두 손을 담가 보니 내 지나온 부끄러움이
계곡의 저 이마까지 꽝! 꽝! 얼린다

그럼, 그렇겠지
욕심은 그냥인데
허영도 그냥이고
탐욕도 그냥인데
물속에 담그기만 한다고
말갛게 씻어지겠는가

외줄타기에 떨어진 광대의 헛웃음마냥
머쓱한 나의 손은 빈 하늘로 향하고
복사뼈 저린 힘줄이 무릎을 감싼다

물은 시간 밖으로 차갑게 흐르고
내 마음은 저 물에 담글 수 없으니
세심대 洗心臺
고운 저녁을 그냥 두고 갈밖에

사북 기억

사북은 시간이 더디 흐르는 동굴이었다
석탄가루가 머리 위를 눈처럼 떠다니고
사람들, 검은 동굴을 하나씩 품고 다녔다

내 작은 신발 위로 석탄차가 지날 때
구릿빛 광부들은 검은 달 속으로 들어갔다
사북도 검은 달 속으로 함께 빨려 들어갔다

꿈꾸듯 눈이 내렸다 하얀 눈은 어느새
회색에서 검은색으로 덕지덕지 칠해져서
붉게 핀 햇덩어리를 까칠하게 받곤 했다

분홍색 내 신발도 검은색이 되어 버리고
골목길엔 눈빛 퀭한 고양이 한 마리가
퍼석한 탄광촌 겨울을 건너가고 있었다

내 기억의 사북은 작아진 신발처럼
먼 기억 속에 있고 검은 눈도 사라졌지만

오늘은, 오치균* 그가 순식간에 데려다주었다

* 화가. 2007년 9월 6일부터 26일까지 〈진달래와 사북의 겨울전展〉을 갤러리 현대에서 열었다.

13월의 수첩

1. 다른 세상
내 이마를 밟고 가는 아침저녁 거두고
가끔씩 지구 밖에 앉아 휴식을 구한다
파릇한 낯설음의 떨림
끌어안는 찡한 새벽

2. 세상보다 무거운 달력 한 장
지는 해 끌어내려 애기 하나 더 낳아 볼까
펄럭이는 달력 한 장 세상보다 무거워
이름표 달지 못한 채
바람소리만 윙윙윙

3. 끝없는 허기
나팔꽃은 더 피어, 사랑을 열매 맺고
바람은 더 불어 큰북을 쳐야 한다
한 모금 시간을 갈구하는
끝없는 나의 허기

4. 길 찾는 시간
시간도 목마름이 견디기 어려워
백일홍 꽃등을 휘적휘적 넘는 걸까
허공에 벗어 놓은 신발
사막을 건넌다

5. 숫자 없는 달력
1, 2, 3,······29, 30
일 월 화 수 목 금 토
새가 되어 날아가고
여유 찾은 백지 한 장
그 위로
동백꽃 한 잎
짜릿하게 번져 간다

모퉁이

찌르 찌륵 찌르륵
귀뚜라미 울어 댄다

가만가만 깨금발로
낯짝 한번 볼라 치니

그만

뚝,

천지가 조용하다

삼켜 버린

그 울음.

■ 작품해설

깊은 감각과 사유가 그려 낸 심미적 파문

유 성 호
(문학평론가 · 한양대 교수)

1. 단형 서정의 정점

우은숙 신작 시집 『물무늬를 읽다』(시학, 2012)는, 시조의 원형이라 할 내적 원리와 기율을 충실하게 지켜 가면서도, 그 안에 활달하고 개성적인 그녀만의 감각과 사유를 얹어 노래한 심미적 결실이다. 최근 우리 시조단에서 활발하게 일고 있는 율격 확장 시도나 파격破格을 통한 현대성 추구는 그녀의 시적 과제와 거의 무관한 편이다. 그렇다고 그녀 시편들이 전통적이고 전형적인 고전적 서정에만 갇혀 있는 것은 결코 아니다. 오히려 우은숙 시인은 현대를 살아가는 이들의 다양한 삶의 심층에 대한 민감한 감각과 사유를 줄곧 보여 준다. 이렇듯 우은숙 시조는, 내용적으로는 구체적 삶의 실재實在를 안정된 시상으로 갈무리하면서, 형식적으로는 시조의 양식적 제약을 받아들이면서도 시 한 편 한 편에 살아 있는 정서적 실감을 증폭하고 있는 세계라고 할 수 있을 것이다. 따라서 우리는 그녀가 생의 활력을 노래할 때에도 거기에는 미세한 감각의 결이 숨 쉬고 있고, 슬픔의 정서를 담아낼 때에도 거기에는 구체적 삶으로 귀착하려는 신생의 사유가 펼쳐져 있음을 알게 된다. 그 점에서 우은숙 시편들은, 시조가 개인적 경험의 산물이면서 동시에 가장 보편적인 생의 이법理法을 노래하는 양식임을 선연하게 알려 준다 할 것이다. 이 글에서는 그녀의 이러한 개성적 보법步法이 우리 삶의 구체적 세목들을 어떻게 단형 서정의 정점으로 드러내고 있는지를 살핌으로써 그녀 시조 미학에 깊이 다가가 보려고 한다.

2. 섬세한 감각과 따뜻한 시선

이번 시집에서 우리가 가장 먼저 목도하게 되는 것은, 우은숙 시인이 자연 사물의 형상을 통해 보여 주는 삶의 보편적 원리로서의 '감각'이다. 그녀의 다양하고도 섬세한 '감각'은 대체로 자연 사물에 대한 참신한 은유를 통해 펼쳐지는데, 시인은 남다른 자연 경험을 매개로 하여 자신이 깨달은 삶의 이치를 들려주는 작법作法을 줄곧 택하고 있는 것이다. 그렇다고 이러한 감각의 표현을 통해 시적 수심水深을 들여다보고 있는 시인이 자신의 시학적 표지標識를 퇴행적 정서로 몰아가는 것은 아니다. 오히려 그녀는 살아 있는 목숨들의 활력으로 그것들을 하나하나 번안해 간다.

> 우리 집 창고엔 어둠을 덮고 누운
> 자잘한 것들이 살 부비며 살고 있다
> 모종삽, 낡은 소쿠리, 녹슨 호미, 괭이까지
>
> 그뿐인가 봉숭아, 맨드라미, 국화꽃
> 무, 배추, 오이, 호박, 붉은 홍화 씨앗까지
> 모두 다 어둠으로만 제 몸을 감싸고 있다
>
> 천지간 잔멀미로 울렁이는 전갈 받았나
> 서로의 몸 흔들며 하나둘 깨어난다
> 작은 발 꼼지락거리며 수런대는 저 생명들
>
> 기억보다 몸이 먼저 알아낸 빠른 감각
> 겨우내 끌고 온 침묵의 흙 앞에서
>
> 더 이상 참을 수 없는
> 봄,
> 봄인 것이다
> ―「더 이상 참을 수 없는」 전문

제목이 시사하는 '참을 수 없는' 상황이란, 존재론적 매혹을 품은 사물들을 향한 시인 자신의 관심이 만들어 낸 것이다. 창고 안에서 어둠을 덮고 누운 모종삽, 소쿠리, 호미, 괭이 등은 자잘한 대로 서로 살을 비비며 공동체적 속성을 나누는 목숨들이다. 무생물인 존재들이 이러할진대 봉숭아, 맨드라미, 국화꽃, 무, 배추, 오이, 호박, 홍화 씨앗 같은 생명들은 어둠으로 제 몸을 감싸고 있다가도 천지간 찾아온 봄기운에 맞추어 더욱더 울렁거리지 않겠는가. 그네들은 그렇게 서로의 몸을 흔들며 깨어나 수런대면서 생명으로서의 본원적 속성을 하나둘 찾아가기 시작한다. 말하자면 그네들 몸의 감각이 겨우내 끌고 온 침묵의 흙을 뚫고 나와 참을 수 없는 '봄'을 이루고 있는 셈이다. 따라서 이 시편에 나열된 무생물과 생물의 목록은 확연하게 농경적 삶을 환기하면서도, 봄을 먼저 알아챈 사물들의 표정을 실감 있게 전해준다. 그러한 실감을 이끌고 있는 것이 바로 '더 이상 참을 수 없는' 시인의 개성적 감각인 것이다. 이러한 섬세한 감각 안에는 다양하게 "음각과 양각으로 쓴 수많은 이야기"(「그녀는 갯벌」)가 깊이 각인되어 있고, 시인의 오롯한 감각은 "씨방에/ 가득 담긴 안부"(「좋은 예감」)를 실감 있게 전해 주면서 우리의 시선을 다른 풍경으로 옮아가게 한다.

> 마른 바람 흔들리는 저물녘 강변에
> 제비꽃 몇 송이
> 여린 몸이 휘청한다
>
> 흐름의
> 습관을 잠시

거꾸로 접는 물결

순하게 몸 낮춘다 저음의 악기 되어
저녁 별이 눈 뜨기 전
재빨리 뿌리에 닿아

땅을
꽉
움켜잡게 하는
물렁하고 둥근 힘!

―「물렁한 힘」 전문

　모성적 힘으로 충일한 이 시편은, 황혼 강변에 피어 있는 제비꽃들을 형상화하는 데서 시작된다. 강물은 흐름을 멈추고 몸을 낮춘 채 밤이 찾아오기 전 제비꽃의 뿌리에 가 닿는다. 이때 화자가 듣는 "저음의 악기" 소리는, 일차적으로는 강물 소리를 지칭하는 것이지만, 어찌 보면 혼신을 다해 성이로운 풍경을 완성하고 있는 자연 사물들의 화음和音이기도 할 것이다. 일찍이 하이데거M. Heidegger는 "우리에게 말을 걸어오는 존재의 근원적인 '소리'에 응답하는 것이 시인의 책무"라고 말한 적이 있는데, 우은숙 시인은 신성하고도 근원적인 존재가 걸어오는 말을 받아 적음으로써 시인의 직능과 위의威儀를 완성해 가는 모습을 보여 준다. 저녁 별이 눈을 뜨면 그 화음은 더욱 아름답게 번져 가, 뿌리는 드디어 땅을 꽉 움켜잡는다. 그러한 완강한 악력握力을 가능케 한 것은 역설적으로 "물렁하고 둥근" 강물의 힘이었던 것이다. 이 물렁하고도 완강한 힘은 다른 비유로 하면 "밟아도/ 다시 일어나/ 불덩이로/ 솟는/ 꿈"(「쑥」)에 근접한 어떤 것일 터이다. 이렇듯 우은숙 시인은 시집 곳곳에서 자연 사물의 풍경과 소리의 화폭을 아름답게 그려 낸다. 물론 이러한 화폭을 가능케 한 것은 시인 특유의 섬세한 감각과 목숨들의 활력을 온전하게 바라보고 재현할 줄 아는 그녀의 따뜻한 시선이라고 할 수 있을 것이다. 그래서 그녀 시편들은 "햇빛과 공기와 시간들이 짜 놓은/ 거부할 수 없는 풍경들, 눈시울들"(「달콤한 착지」)을 그려 내면서, "허기진 저녁의 숲엔/ 따스해지는 발자국들"(「따뜻한 하루」)이 오는 것처럼 따뜻하고 아름다운 자연 풍경을 완성하는 과정을 보여 주고 있는 것이다.

3. 심미적 기억의 현상학

우리가 잘 알듯이, 시 안에 재현된 시간은 경험적 시간 자체가 아니라, 작품 내적으로 변형된 심미적 시간이다. 우리 몸에 새겨진 기억도, 마음이라는 지층에 남아 있는 시간의 변형된 흔적이며 기록일 것이다. 시인들은 의식의 저편에 깃들인 이러한 기억의 형상들을 상상적으로 복원함으로써 자신의 현재형을 예리하게 유추하게 된다. 그러한 유추는 사물에 대한 매혹적 시선으로 먼저 다가오고, 그다음에 사물들이 시인 스스로의 삶을 반추하는 매재媒材로 거듭나는 과정을 거치게 된다. 우은숙 시편의 화자들은 이렇듯 구체적 경험을 통해 자신의 삶을 반추하면서, 자신의 오랜 기원origin을 상상하고 표현하는 특성을 유지한다. 우리는 이번 시집을 통해 우은숙 시편들이 시적 대상을 향한 한없는 매혹과 그리움을 가진 채 씌어졌다는 점을 발견하면서, 동시에 그녀가 자신의 기원으로 끊임없이 회귀하려는 열망을 가지고 있음을 알게 된다. 그 그리움의 대상은 줄곧 '어머니'로 나타나는데, 그만큼 시인은 자신의 가장 원형적인 상像을 어머니로부터 유추하면서 그 안에서 자신의 양도할 수 없는 기원을 재구再構하고 있는 것이다.

　　어머닌 늘 어둠을 솎아 낸 별 쪽으로 발 딛으려 애썼지만 옹이 박힌 생인발은 뜨락에 하현달 같은 가로등도 켤 수 없었다

　　물기 없어 말라 버린 상사화 꽃대처럼 마른 날만 반복되는 헛헛한 치마폭엔 얇아서 사양내민 몸 짙은 그늘 시걱대고

　　빈 벽에 걸린 달력 눈물 빛 매듭들은 시간의 더께로 관절염만 키워 내 어머니 무릎 세상엔 찬 별들만 가득하다
　　　　　　　　　　　　　─「무릎 속 찬 별」전문

이 아름다운 작품은 어머니에 대한 기억과 '별'이라는 심미적 심상을 유추적으로 결속시킨 결실이다. 시인의 기억 속에 어머니는 "늘 어둠을 솎아 낸 별 쪽"을 지향하셨지만, 생애 내내 "옹이 박힌 생인발"로 인해 "하현달 같은 가로등"도

커지 못하고 살아오셨다. '생인발'이라는 통증과 함께 어머니의 삶은 "물기 없어 말라 버린 상사화 꽃대처럼 마른 날"로 묘사되고 있는데, 바로 그 "헛헛한 치마폭"이나 "얇아져 가랑대던 몸" 역시 서걱대는 그늘로 번져 있지 않은가. 그렇게 "눈물 빛 매듭들"이 무릎 세상으로 들어와 어머니는 찬 별만 가득한 통증의 세월을 살아오신 것이다. 이때 '찬 별'은 시리도록 아픈 '찬[寒] 별'이자 무릎을 가득 채우고 있는 '찬[滿] 별'이기도 할 것이다. 그러니 시인은 "한때는 강이었고/ 한때는 기차였던// 어머니 젖은 숨에/ 포개진 내 그림자"(「동행」)를 심미적으로 기억하면서도 "지나온 시간들을 봄볕에 꺼내 놓고/ 말리신 어머니 시간"(「어머니의 화분」)이 한껏 젖어 드는 것을 느끼고 있는 것이다.

> 어머니는 굴을 파고 그 속에 사신다
>
> 우물이었던 몸에서 세월을 다 토해 내고
>
> 오늘 또, 몸속 깊숙이 두레박을 내린다
>
> 퍼내도 다시 고였던 화수분의 어머니
>
> 천천히 한 움큼씩 화농의 시간 덜어
>
> 천수경 독경 소리를 빈 우물에 새긴다
> ―「빈 우물」 전문

여기서 어머니의 생애는 '빈 우물'로 등가화되고 있다. 어머니는 굴을 판 채 우물 속에서 사신다. 마치 자신의 몸이 우물이기라도 했다는 듯이, 그 몸으로부터 세월을 토해 내고 몸속 깊숙이 두레박을 내리면서 아득하게 침전沈澱해 가신다. 하지만 어머니는 아무리 두레박으로 퍼내도 물줄기가 마르지 않던 일종의 '화수분'이셨다. 이러한 어머니의 기억으로 하여 시인은 천천히 한 움큼씩 "화농의 시간"을 덜어 낸 채 '빈 우물'에 독경 소리를 새겨 넣는다. 그 순간 시인은 오랜 기억 속의 어머니와 만나고 화해한다. 이렇게 어머니는 '무릎 찬별'이나 '화분'이나 '빈 우물' 같은 상관물을 거느리면서 시인과 지속적으로 '동행'을 하게 되는 것이다. 우은숙 시인의 이러한 섬세한 기억은, 물론 그 대상이 가족에 머무르지 않고 타자로 불리는 많은 이들에 대한 연민과 사랑으로 확장되어 가기도 한다. 시조가 철 지난 과거 양식이 아니라, 여전히 동시대를 살아가는 이들에 대한 현재적이고 공감적인 양식일 수 있음을 보여 주는 뚜렷한 사례일 것이다.

아주 잠깐 거울 속을 걸어가는 꿈을 꾸었다

인디언 마을이 숭어처럼 튀어 올랐다
바람이 휙, 지나가자 한 사내가 춤을 춘다

검다가 붉었다가 또다시 흰빛의 춤
포개진 눈물 퍼며 서럽게 추는 춤
허공에 뻗친 손끝에 빈손만 거두는 춤

실업의 울음 삼킨 사내의 등을 타고
빚 독촉 은행의 귀 찢는 전화벨 소리

화들짝 잠 깨고 난 뒤 얼어붙은 잔상, 잔음
―「인디언 춤」전문

  이 시편은 의외롭게도 시의 화자가 잠깐 거울 속을 걸어가는 꿈을 꾼 장면을 포착하고 있다. 그 환각 속에는 인디언 마을이 나타나고 그 안에서는 한 사내가 춤을 추고 있다. 사내의 춤은 검고 붉고 흰 빛깔을 모두 투과하면서 눈물을 펴며 서럽게 다가온다. 손은 허공에만 뻗치고 따라서 그는 빈손만 거두고 있다. 이때 시편의 진행은 다시 현실로 돌아와 "실업의 울음 삼킨 사내"의 등을 타고 들려오는 "빚 독촉 은행의 귀 찢는 전화벨 소리"로 옮겨 간다. 여기서 화자는 환각의 잠을 깨고 잔상殘像이나 잔음殘音에 둘러싸여 있게 된다. 이렇게 그녀의 시편에는 "낙타가 산다// 통증을 견디는,"(「낙타가 산다」) 같은 표현을 감당해 내는 실존적 고통의 삶들이 살고 있고, "세상은 온통/ 길 없는 길/ 뿐"(「곁눈질」)이라는 사실을 견뎌 내는 사람들의 삶이 아득하게 펼쳐져 있다.

  이렇듯 우은숙 시조는 우리의 몸속에 깊이 각인된 심미적 기억의 지층을 뚫고 들어가 선연하게 잠겨 있는 기억의 시간들을 재현해 낸다. 그 안에는 어머니로 대변되는 '기원'의 추구가 있고, 동시대의 신산한 삶을 살아가는 이들을 향한 따뜻한 마음이 농울치고 있다. 인디언 춤으로 확산되어 가는 상상력 역시 "허공에 걸린 시간 땅으로 내리기 전// 불꽃은 초원을 달려 내 심장에 닿는"(「술잔에 불을 채워」) 순간처럼 시공간을 확장하여 달려가는 그녀의 너른 품을 선명하게 증언해 준다. 애잔하고 깊고 아름답다.

4. 시에 관한 각별한 자의식

이번 시집에서 또 하나 확연하게 눈에 띄는 우은숙만의 특장은, 그녀 시편이 '시詩' 스스로를 향하고 있다는 점이다. 우리가 잘 알듯이, 시는 우리의 삶 가운데 이성적 합리성으로는 도무지 설명할 수 없는 상처나 운명에 대해 이야기하면서, 일상성이 결缺하고 있는 시적 비의秘義를 첨예하게 보여 주는 창窓이라고 할 수 있을 것이다. 이러한 속성을 가지고 있는 시 자체에 대해, 시인은 잔잔하지만 그 나름의 격정을 얹은 언어적 실체로서 사유하고 표현하다. 아닌 게 아니라 '침묵'과 '발화'가 견고하게 결속하고 있는 그녀 시편들은 '지금 여기'에서 시를 쓰고 있는 시인 자신을 투사하고 부조浮彫하는 형상으로 나타나고 있다. 다음 시편을 읽어 보자.

> 다 젖은
> 알몸으로 선
> 보문사 밑 옹기들
>
> 하늘 끝 빗줄기 물고 새 한 마리 높이 날자

>   누낭淚囊의
>   이력 풀어낸
>
>   돋을무늬
>   섬
>   하나
>
> ─「물무늬를 읽다」 전문

여기 보이는 '물무늬[波紋]' 은유는 시적 언어 자체를 그대로 환기하는 것이다. 보문사 아래 옹기들이 느런히 비에 젖은 알몸으로 서 있고, 거기서 시의 화자는 일종의 물무늬를 읽어낸다. 아마도 비에 젖어 있는 무늬를 '물무늬'로 현상한 것일 터이다. 또한 그것은 새 한 마리가 하늘 끝 빗줄기를 비상하자 "누낭淚囊의/ 이력"을 풀어낸 "돋을무늬/ 섬/ 하나"이기도 하다. 이 아름다운 비유의 연쇄를 통해 시인의 언어는 '알몸'과 '눈물'과 '섬'으로 차츰 지펴 가면서 '시' 자체에 대한 깊은 사유를 완성해간다. 마찬가지로 시인은 "창문에 떨어지는 어둠 소리 리듬 삼아/ 식구들 하루치 이야기"(「저녁의 질문」)를 담아내기도 하고, "끝끝내 해답 없는 물음 하나씩"(「뜬돌에게 묻다」)을 캐내기도 한다. 모두 '시'의 양식적 속성에 대한 유추적 비유일 것이다. 다음 작품도 시에 관한 시, 곧 우은숙 메타시편의 뚜렷한 실례로 기록될 것이다.

>   은빛 같은 별 아래 뿌려지는 홑잎들

하나하나 말갛게 헹궈지지 않은 슬픔

가을날 첫줄에 쓴다
서늘한 그리움이라고

내게로 와 이카로스의 날개가 되어 버린
후조候鳥의 찢긴 날개, 비상할 수 없는 음성

켜켜이 접었던 아침
부화가 시작된다

—「자모字母」 전문

  모국어의 자모字母는 시인으로 하여금 시를 쓰게 하는 존재론적 기원이요 자모慈母라고 할 수 있을 것이다. 아닌 게 아니라 시인은 "온종일/ 바람 속에 박힌/ 자모字母들의 현기증"(「말의 그물」)을 앓는 사람이 아닌가. 우은숙 시인은 그 현기증을 통해 자신의 언어적 존재로서의 빛과 그늘을 남김없이 쏟아 놓는다. 가령 가을날 첫 줄에는 "은빛 같은 볕 아래 뿌려지는 홑잎들"을 "말갛게 헹궈지지 않은 슬픔"이라고 적고, 그렇게 조락凋落과 슬픔의 등가적 결속은 어느새 "서늘한 그리움"으로 번져 간다. 또한 이카로스의 날개처럼 떨어져 찢겨진 철새의 날개 역시 비록 조락의 이미지가 농후하지만, 시인은 더 이상 비상할 수 없는 그 상태로부터도 부화를 시작하는 생성의 순간을 읽어 낸다. 모두 소멸과 불구의 형상에서 길어 올리는 존재론적 전환의 힘이 모국어의 아름다운 '자모' 안에서 일어나고 있는 것이다. 바로 그 순간 '시'는 "사람 속을/ 훑고 가는/ 희뿌연/ 바람/ 소리// 벌레들이/ 계절의/ 달력을/ 넘기는/ 소리// 그 소리,/ 화르르 지피고/ 달아나는/ 점령군"(「시」) 같은 인상적인 메타적 비유를 거느리면서 "시간의 문 건너온 내 그림자 어디쯤에/ 그 흔적 고스란히 문신으로"(「뚜렷한 자리」) 남는 어떤 흔적을 우리에게 전해 준다. 이렇게 우은숙 시인은, 시조를 쓰면서, '시'가 어떻게 자신의 삶과 언어를 감싸며 존재를 흔들고 있는지를 고백한다. 돌올한 천착이요, 개성적이고 각별한 자의식이 아닐 수 없다.

5. 모국어의 시적 진경

지금까지 우리가 읽어 온 것처럼, 우은숙 시조는 단형 서정의 정점에서 피워 올리는 섬세한 감각과 따뜻한 시선, 심미적 기억의 현상학 그리고 시에 관한 각별한 자의식으로 감싸여 있다. 그녀는 '시'가 예리하고도 개성적인 상상력을 통해 우리의 일상에 편재遍在해 있는 불모성을 치유하고 새로운 소통 가능성을 꿈꾸게 하는 양식임을 우리에게 알려 준다. 특별히 그녀는 자연 사물에 대한 감각적 재현을 통해 우리 몸속에서 일어나는 생명의 움직임을 전달해 주면서, 시가 생성의 활력과 오랜 기억의 지층을 동시에 증언하는 양식임을 일러 준다. 결국 우리는 이러한 깊은 감각과 사유가 그려 낸 심미적 파문과 함께 아득한 시의 근원으로 흘러간다. 그 흐름의 은유 안에 우리의 감각과 상상력을 비끄러매어 이 고독하고도 반어적인 삶의 길을 걷는 것이다. 그래서 우리는, 우은숙 시학이 그 반어적 길의 충실한 도반道伴이 될 것을 믿으면서, 앞으로 그녀의 시적 진경進境이 더욱더 모국어의 눈부심 위에서 이루어져 가기를 깊이 소망해 보는 것이다.

시인 우은숙

강원도 정선 출생
경희대학교 대학원 박사과정 수료
1998년 〈동아일보〉 신춘문예 당선
시집 『마른꽃』(2001, 동학사) 출간
2007년 제26회 중앙일보시조대상 신인상 수상
한국시조시인협회, 오늘의시조시인회의, 역류 동인

E-mail: kangmulcc@naver.com

물무늬를 읽다

지은이 | 우은숙
펴낸이 | 김재돈
펴낸곳 | 도서출판 시와시학
1판1쇄 | 2012년 5월 20일
출판등록 | 2010년 8월 10일
등록번호 | 제2010-000036호
주소 | 서울 종로구 명륜동1가 42
전화 | 744-0110
FAX | 3672-2674

값 8,000원

ISBN 978-89-94889-33-7 03810

* 저자와의 협의에 의해 인지를 생략합니다.
* 잘못된 책은 바꾸어 드립니다.